Inhalt

Pflichtpfand auf Einweggetränkeverpackungen - "Dosenpfand"

Kernthesen

Beitrag

Fallbeispiele

Weiterführende Literatur

Impressum

Pflichtpfand auf Einweggetränkeverpacki - "Dosenpfand"

S.Naujoks

Kernthesen

- Seit der Einführung des Pflichtpfandes ist die Mehrwegquote über alle Getränkesorten hinweg von 52 Prozent Ende 2002 auf über 61 Prozent im Januar 2003 gestiegen. (4), (7)
- Gewinner des Dosenpfandes sind insbesondere Logistikunternehmen bzw. die Entsorgungsbranche und der Getränkefachhandel, der schon immer auf Mehrweg setzte. (2)
- Verlierer des Dosenpfandes sind insbesondere das Duale System Deutschland, der Lebensmitteleinzelhandel

sowie Getränkehersteller, die hauptsächlich auf Einwegverpackungen gesetzt haben. (2)
- Die derzeitige Rücklaufquote der bepfandeten Einwegverpackungen liegt unter 50 Prozent. (7)
- Ab 1. Oktober 2003 soll es ein bundeseinheitliches Rücknahmesystem für Einweggetränkeverpackungen geben, welches u. a. eine Clearing-Stelle zur Ausgleichszahlung von Pfandgeldern umfasst. (2), (5)
- In einer bereits in Arbeit befindlichen Novellierung der Verpackungsverordnung zur Vereinfachung der bisherigen Pfandregelungen soll zukünftig nur noch zwischen ökologisch vorteilhaften und ökologisch nachteiligen Verpackungen unterschieden werden. (1), (2), (8)

Beitrag

Seit dem 1. Januar 2003 gilt die Pfand- und Rücknahmepflicht für Getränkeeinwegverpackungen. Im Vorfeld der Einführung gab es zahlreiche zum Teil massive Proteste insbesondere aus den Reihen des Handels und der Getränkeindustrie. Das Pflichtpfand war bereits in der Verpackungsverordnung von 1991 vorgesehen und wurde jetzt eingeführt aufgrund einer dauerhaften Unterschreitung der gesetzlich vorgeschriebene Mehrwegquote von 72 % bei Getränken. Das Pflichtpfand gilt für Bier, Mineralwasser und kohlensäurehaltige Erfrischungsgetränke und beträgt 25 Cent pro Container, ab einem Inhalt von eineinhalb Litern 50 Cent. (5)

Auswirkungen des Dosenpfandes auf die Mehrwegquote

Seit der Einführung können Umweltverbände über die tatsächliche Lenkungswirkung des Pflichtpfandes berichten: So ist die Mehrwegquote über alle Getränkesorten hinweg von 52 Prozent Ende 2002 auf über 61 Prozent im Januar 2003 gestiegen. (4), (7) Eine GfK-Studie ergab außerdem, dass im gleichen Vergleichszeitraum die Mehrwegquote bei bepfandeten Getränken wie Cola und Limonade von etwa 50 Prozent auf 75 Prozent stieg. Im Biermarkt von rund 75 Prozent auf 91 Prozent und im Wassermarkt von rund 68 Prozent auf 79 Prozent. (4)

Bei den noch unbepfandeten Getränkeverpackungen wie z. B. bei fruchthaltigen Getränken sank die Mehrwegquote jedoch weiterhin von etwa 18 Prozent auf 16 Prozent. (4)

Auch die aktuelle Rücklaufquote der bepfandeten Einwegverpackungen von nicht einmal 50 Prozent zeigt die Grenzen der erhofften Lenkungswirkung auf die Verbraucher auf. (7)

Auswirkungen des Dosenpfandes auf Unternehmen

Getränkehersteller:

Mittelständische Brauereien und Mineralbrunnen, die schon immer auf das Mehrwegsystem gesetzt haben, sind eher Gewinner beim Zwangspfand auf Einweggetränkeverpackungen. Dagegen sind beispielsweise Großbrauereien, die einen hohen Einweganteil hatten, eher Verlierer beim Dosenpfand. So ist der Umsatz aus Dosenbier im Vergleich gegenüber dem Vorjahr um etwa 40 Prozent zurückgegangen. Ähnlich auch bei den Herstellern von Erfrischungsgetränken in Einwegverpackungen. (2), (4) Laut der Wirtschaftsvereinigung Alkoholfreie Getränke e. V. sind bei vielen Herstellern von Limonaden und Mineralwässern insgesamt rund 1200 Arbeitsplätze von Produktionsausfällen und Kurzarbeit betroffen. (9), (10)

Handel:

Für den klassischen Lebensmitteleinzelhandel bedeutet die Einführung des Dosenpfandes natürlich einen enormen Aufwand an Kosten. Dennoch wurde die Pfand- und Rückgabepflicht vom Handel weitestgehend umgesetzt. So ergaben Testkäufe, dass in mehr als 95 Prozent der Fälle eine korrekte Bepfandung stattgefunden hat. (11) Beim Discounthandel fand ein Umsatzeinbruch bei Getränken in Einwegverpackungen statt, wovon jetzt der Getränkefachhandel profitiert, der schon immer auf das Mehrwegsystem gesetzt hat. (2) So ist beispielsweise im Getränkefachgroßhandel bereits ein 2-stelliger Umsatzwachstum zu verzeichnen. (4)

Logistikunternehmen und Entsorger:

Bislang fand die Entsorgung von Einwegdosen und Einweg-PET-Kunststoff-Flaschen u. a. durch das Duale System Deutschland (DSD) statt. Seit dem 1. Januar 2003 konkurrieren aber auch Firmen der Logistikbranche um neue Geschäfte. Diese haben auch gute Chancen beim Handel, denn dieser sucht sowieso nach günstigeren Alternativen zum Dualen System Deutschland. Schätzungsweise verliert das Duale System Deutschland dadurch rund 300 Millionen Euro Umsatz. (14) Gewinner sind aber nicht nur große Logistikunternehmen und Speditionen, die bereits bundesweite Verträge mit Handelsunternehmen geschlossen haben, sondern auch kleinere Spediteure, die die Entsorgung bei unabhängigen, kleineren Händlern und Kiosken übernehmen können. (2)

Hersteller von Wassersprudlern:

Seit der Einführung des Dosenpfands verzeichnen die Hersteller von Wassersprudlern wieder einen größeren Umsatzwachstum. Die beiden Marktführer Brita - vertreten durch die Marken Soda-Club und Sodastream - und Wassermax teilen sich mit 70 Prozent und 25 Prozent den Markt. Beide nutzten die Einführung des Dosenpfandes zur Neukundengewinnung und zum Ausbau ihres Vertriebs. (3)

Fallbeispiele

In der Ausschreibung für die Clearingstelle eines bundeseinheitlichen Rücknahmesystem für Einweggetränkeverpackungen, welches spätestens zum 1. Oktober 2003 stehen soll, bewarben sich u. a. eine Tochterfirma des Dualen Systems Deutschland, Rhenus Logistics, Lufthansa System Group, Tomra Systems ASA der Marktführer von Leergut-Rücknahmeautomaten und die Deutsche Pfand AG eine Tochter der RWE Umwelt AG. (2), (6) Letztendlich gewann Bertelsmann die Ausschreibung. (16)

Rhenus Logistics schloss mit Coca Cola einen Vertrag, der die Entsorgung von Cola-Einwegbehältnissen beim Handel einschließt. Dadurch dass der Handel die Coladosen dann von dem Leergut anderer Einweganbieter trennen müsste, besteht eine Chance für Rhenus Logistics, dass der Handel ihn gleich mit der Entsorgung sämtlicher Einwegverpackungen beauftragt. So wurden entsprechende Verträge bereits geschlossen mit der Spar Handels AG, Lekkerland-Tobaccoland und Karstadt. (2)

Aufgrund der hohen Kosten, die durch die Umsetzung des Dosenpfandes entstehen, hat

beispielsweise ALDI SÜD sämtliche Einweg-
Getränkedosen bis auf weiteres aus dem Sortiment
genommen. Verkauft und bepfandet werden bei ALDI
SÜD damit nur noch Einweg-Getränkeflaschen aus
Kunststoff. (12)

Coca Cola begegnet der Einführung des
Pflichtpfandes auf Getränkeeinwegverpackungen mit
einer Mehrwegkampagne, die u. a. die Einführung
eines einheitlichen grünen Deckels der Coca-Cola
Mehrweg-Getränke beinhaltet und eine originelle
Anzeigenkampagne. Den grünen Deckel gibt es für
alle Mehrweg-Produkte aus dem Hause Coca-Cola:
Coca-Cola, Coca-Cola Light, Fanta, Sprite, Mezzo
Mix, Lift Apfelsaftschorle und Bonaqua. (13)

Weiterführende Literatur

(1) "Fehler der Getränkewirtschaft"
Bundesumweltminister Jürgen Trittin zweifelt nicht
am Einführungstermin des bundesweiten
Rücknahmesystems, will jedoch die Pfandregelung
vereinfachen, Impulse, 01.04.2003, S. 90
aus Frankfurter Allgemeine Zeitung, 19.02.2003, Nr. 42,
S. 21

(2) Katterbach, Wilfried / Mertens, Bernd, Kampf ums
Pfand, Impulse, 01.04.2003, S. 88
aus Frankfurter Allgemeine Zeitung, 19.02.2003, Nr. 42,

S. 21

(3) Die 25-Cent-Frage
aus acquisa, Heft 04/2003, S. 62

(4) "Zweiter Frühling" für Mehrweg durch Dosenpfand Mehrwegquote bei Bier und Limonade im Januar 2003 gewaltig angestiegen, Getränkefachgrosshandel, Heft: 3, 2003, S. 66
aus acquisa, Heft 04/2003, S. 62

(5) Auf unsicherem Terrain
aus ENTSORGA MAGAZIN Nr. 03 vom 21.03.2003 Seite 014

(6) Ein Kompromiss beim Pfandsystem
aus Lebensmittel Zeitung 10 vom 07.03.2003 Seite 034

(7) Entsorger bleiben skeptisch
aus ENTSORGA MAGAZIN Nr. 03 vom 21.03.2003 Seite 012

(8) Bund und Länder einigen sich, Getränkeindustrie, Heft: 3, 2003, S. 6
aus ENTSORGA MAGAZIN Nr. 03 vom 21.03.2003 Seite 012

(9) Dosenpfand führt zu Kurzarbeit
aus GETRÄNKEINDUSTRIE, Heft 3, 2003, S. 6

(10) "Pflichtpfand verursacht Schäden", Süddeutsche Zeitung, 01.04.2003, Ausgabe Deutschland, S. 27
aus GETRÄNKEINDUSTRIE, Heft 3, 2003, S. 6

(11) Dosenpfand: reibungslos angelaufen, Getränkeindustrie, Heft: 3, 2003, S. 8
aus GETRÄNKEINDUSTRIE, Heft 3, 2003, S. 6

(12) www.aldi-sued.de, Über Aldi-Süd / Fragen und Antworten
aus GETRÄNKEINDUSTRIE, Heft 3, 2003, S. 6

(13) www.coca-cola.de
aus GETR&Auml;NKEINDUSTRIE, Heft 3, 2003, S. 6

(14) Duales System kämpft um seine Existenz Umstrittener Müllentsorger geht auf Kartellamt zu " Dosenpfand lässt den Umsatz um 15 Prozent einbrechen
aus FTD Financial Times Deutschland vom 30.04.2003, Seite 8

(15) Das Verwirrspiel um das Schicksal leerer Getränkeverpackungen
aus Frankfurter Allgemeine Zeitung, 29.04.2003, Nr. 99, S. T1

(16) Medienkonzern erhält Zuschlag der Industrie gegen zehn Wettbewerber Bertelsmann betreibt Dosenpfand-Geschäft
aus Die Welt, Jg. 58, 07.05.2003, Nr. 105, S. 14

Impressum

Pflichtpfand auf Einweggetränkeverpackungen - "Dosenpfand"

Bibliografische Information der deutschen Nationalbibliothek

Die Deutsche Nationalbibliothek verzeichnet diese Publikation in der deutschen Nationalbibliografie; detaillierte bibliografische Daten sind im Internet über http://dnb.d-nb.de abrufbar.

ISBN: 978-3-7379-1557-1

© 2015 GBI-Genios Deutsche Wirtschaftsdatenbank GmbH, Freischützstraße 96, 81927 München, www.genios.de

Alle Rechte vorbehalten. Dieses Werk ist einschließlich aller seiner Teile – z.B. Texte, Tabellen und Grafiken - urheberrechtlich geschützt. Jede Verwertung außerhalb der Grenzen des Urheberrechtsgesetzes bedarf der vorherigen Zustimmung des Verlags. Dies gilt insbesondere auch für auszugsweise Nachdrucke, fotomechanische

Vervielfältigungen (Fotokopie/Mikroskopie), Übersetzungen, Auswertungen durch Datenbanken oder ähnliche Einrichtungen und die Einspeicherung und Verarbeitung in elektronischen Systemen.